Cuidando a la niña dentro de Tí.

Mi historia a la sanación emocional

Olivia Hudson

Cuidando la nña dentro de Tí: mi historia a la sanación emocional.

DEDICACIÓN

Este libro es dedicado a todas las niñas que aun sufren porque no se sienten completamente feliz.

AGRADECIMIENTOS

Gracias a mi esposo por su apoyo, a mi hermana Irma por animarme a plubicar mi historia, a mi amiga Angela por toda su ayuda.

Un agradecimiento especial a mis padres, especialmente mi mami por permitirme compartir cosas íntimas sobre nuestra familia.

Contenido

Introducción

La sanación emocional es un camino que a veces solo tomamos cuando nos encontramos entre la espada y la pared.

Ese fue mi caso, lamentablemente por muchos años ignore cosas que llegaron a afectar la manera en que proceso la vida.

Un dia Dios abrió mis ojos a la necesidad que yo tenia de sanar muchas heridas en mi pasado, después de abrirme los ojos, el me dio muchas herramientas empezando con su palabra para profundizar en las partes dolorosas de mi pasado que estaban afectando mi presente.

Esas herramientas me llevaron a conocer a una niñita que tenia muchas inseguridades, miedos, preguntas sin respuestas , mucho dolor y muchas cosas que decirme.

Mi cuerpo y mis emociones batallaban porque no querían escuchar la voz de esa niña.

Aunque no he llegado donde quisiera estar, no estoy donde comencé. Soy una mujer totalmente diferente a la mujer que era porque finalmente decidí escuchar a esa niña.

Escuchando a esa niña me llevo a comprender que el dolor que sentimos a través de tener emociones enfermas, no es algo que se cura con medicina (aunque depende de la situación la medicina es necesaria) o como me decía mi mami, "solo echa para adelante", la única respuesta es no ignorar que estas enfermo emocionalmente y buscar ayuda.

La niña que conocí en mi proceso me inspiro a cosechar un anhelo a crecer mas en mi carácter y como persona para ser una cristiana, esposa, mama y amiga agradable a Dios.

He leído libros que me han ayudado a comprenderme y ser mas compasiva con mis amigos, mis enemigos y hasta conmigo misma.

Todos los libros que he leído me han sido útiles durante este proceso, pero algo que si me hubiera gustado es poder leer sobre una persona que cuenta paso por paso su proceso, para animarme a las tantas veces que quería darme por vencida.

Un dia estaba sentada y al reflexionar sobre mi camino a la sanación emocional, decidí escribir sobre el. Se lo mostré a algunas amigas las cuales les dio inspiración a comenzar su propio camino.

Después de publicar mi primer libro Haciendo Limonada, mi hermana Irma me inspiro a que publicara el libro que ahora tienes en tu mano, "Cuidando La Niña Dentro de ti".

Este libro es mi historia, de cómo comencé yo a buscar ayuda y las cosas que aprendí en el proceso.

Gracias a Dios hoy no me controla o guía la amargura, el odio o mi pasado pero el amor de Dios, un amor que aunque yo lo acepte intelectualmente no pude hacerlo emocionalmente porque mis emociones estaban en un estado critico.

Hoy en dia están curadas solo es necesario seguir chequeándolas para tratarlas en el momento que veo señales de enfermedad antes de que se pongan graves de nuevo.
Es mi deseo que si al leer este libro te das cuenta que estas enferma emocionalmente, te animes a buscar ayuda porque las

enfermedades emocionales si tienen sanación y quien sabe a quien conocerás en el proceso, como yo, puede ser que conozcas a la niña dentro de ti.

"Aunque ande en valle de sombra, no temeré mal alguno, porque tú estarás conmigo: tu vara y tu cayado me infundirán aliento. Ciertamente el bien y la misericordia me seguirán todos los días de mi vida, y yo habitaré en la casa del Señor para siempre."

Salmo 23: 4,6

"Lo logramos"

Cuando estaba entre los 30 y 35 años de edad (no recuerdo exactamente), recuerdo claramente que mi terapeuta me sentó en una silla y me pidió que hiciera algo que cambió mi vida de una manera que nunca hubiera imaginado. Ella colocó una silla vacía frente a mí y me pidió que me visualizara a mí misma como una niña sentada en esa silla. Esa fue una tarea difícil, ya que la mayor parte de los recuerdos de mi niñez estaban atrapados en mi mente, sin ganas de ser expuestos.

Mi consejera trabajó pacientemente conmigo. Viendo mi frustración al tratar de imaginarme a mí misma como una niña, me pidió que imaginara algún vestido que podría estar usando. Con la ayuda de dos fotos de cuando yo estaba en la escuela (que había logrado rescatar de las pocas cosas mías que mi papá tenía) pude comenzar mi descripción. Me describí de esta manera: yo llevaba una falda azul que llegaba hasta debajo de las rodillas, una camisa blanca, medias azules y zapatos negros. Luego, la terapeuta me pidió que describiera mi pelo. En ese momento yo honestamente pensé "esto es tan estúpido", pero a pesar de lo que yo estaba pensando, decidí seguir sus instrucciones y respondí a sus preguntas. Le respondí: "Bueno, mi mamá siempre peinaba mi pelo y yo recuerdo haber recibido muchas burlas en la escuela, entonces probablemente, mi pelo estaría trenzado como una niña de dos años." Ella continuó haciéndome más preguntas con el fin de crear una imagen clara en mi mente de cuando era niña. Esta fue la primera vez en que me tome el tiempo de visualizarme como una niña.

La mente es increíble, porque después de armar un cuadro de mí misma con fragmentos de mi memoria, la consejera me preguntó: "¿Qué edad cree usted que tiene la niña que se imagina?" respondí, "unos 10 años." En mi mente, yo miraba intensamente a la pequeña "Olivia" que estaba sentada en la silla, cuando la terapeuta me interrumpió. Me sorprendió, porque yo veía a esa niña de una manera tan clara, que yo estaba perpleja. En el momento que me interrumpió me dijo; *"Mírala, si pudieras decirle una cosa a esa niña, ¿qué le dirias?"* Sin dudarlo y con los ojos llenos de lágrimas, le dije a la niña, "lo logramos."

Decir en voz alta "lo logramos" transformó el resto de mi vida. Es para mí un placer increíble compartir con ustedes mi viaje a la sanación emocional después de que Dios me ayudó a ver que, si quiero que mi pasado no me controle, tengo que enfrentarlo.

Mi niñez

A los 17 años me mudé de Panamá a los Estados Unidos. Mi mamá quería una vida mejor para mis hermanos y yo. En Panamá la situación económica estaba muy mal y en mi casa las cosas eran difíciles emocional y físicamente.

Mi madre creía que la mejor manera de ofrecerle a sus hijos una vida mejor era haciendo todo lo posible para sacarnos de Panamá y mudarnos a los Estados Unidos de América. Ella creía que era la tierra donde los sueños de nosotros se podrían hacer realidad. Bueno, mi mami nunca lo dijo de esa manera, pero cuando ella decía que íbamos a tener una vida mejor allá, yo añadí el resto de lo que eso significaba para mí.

Crecí viviendo con mi mamá, mi papá y tres hermanos. Nuestra casa tenía tres dormitorios pequeños y un baño completo. Cuando tenía diez años de edad, tres primos vinieron a vivir con mi familia. Nuestra casa entonces pasó de tener cinco habitantes, a tener nueve. No estaba mal tener tantas personas viviendo juntas, a excepción de los días en que mi papá pensaba que todos necesitábamos tomar un purgante y le daba por preparar un laxante casero. ¡Ustedes pueden imaginarse esa locura, teniendo en cuenta que sólo teníamos un baño! Mi papá lamentablemente padece de un trastorno mental.

Nunca he experimentado lo que yo consideraba vivir con un padre normal: un padre estable mental y emocionalmente. Tristemente, el estado mental de mi papá hacía que él cambiara de personalidad muy a menudo, nunca sabíamos que esperar de él. Era divertido cuando estaba borracho o cuando estaba cocinando. Recuerdo que un día vino a casa tan borracho, que comenzó a tirar dinero en el aire para que mis hermanos y yo lo recogiéramos del piso. En esos momentos nos reímos juntos como si fuéramos una familia feliz. Lamentablemente, al día siguiente cuando se le pasó la borrachera, después de tanta diversión terminamos sufriendo porque nos acusó de robar su dinero. Eso lo llevó a darnos una paliza que no era necesaria.

No crean que odio a mi papi, al contrario, yo lo quiero mucho. La gracia y la misericordia de Dios me ayudaron a perdonarlo y aceptarlo. Diagnosticar enfermedades mentales en esos tiempos no era muy común, así que mi papá recurría al alcohol para lidiar con las cosas que el no entendía de sí mismo. En esos tiempos si alguien tenía un trastorno mental no sabían como ayudarlo, así que solo lo categorizaban como loco o loca, y ya. Mi papá fue categorizado como loco.

A mi papá le encantaba cocinar, de hecho él cocinaba mejor que mi mamá. Él es un panadero increíble, cada año durante la navidad, horneaba pastel de frutas. El pastel de frutas de Panamá es delicioso. Recuerdo que me gustaba lamer la mezcla del pastel. Era tan delicioso, solo recordándolo, se me hace agua la boca. Para Noche Buena, mi papá cocinaba una gran comida y cenabámos exactamente a la media noche. Esos eran buenos momentos.

Yo amo a mi papá, él no es perfecto. Era un hombre abusivo, pero sin duda en mi opinión, él es exactamente lo que yo necesitaba para desarrollar un corazón compasivo con mi prójimo. También fue esencial para que yo viera lo mucho que necesito a Dios.

Mi mamá se esforzó para sacar adelante a la familia. La forma en que mi mamá respetaba a mi papá y esperaba que nosotros lo respetáramos, a pesar de sus comportamientos imprevisibles, fue para mí impresionante. Sin saberlo, ella me enseñó muchas lecciones que me llevaron a respetar a el que hoy en día es mi esposo. Mi madre se esforzó por mantener una vida lo más normal posible para nosotros. Ella jugaba con nosotros, hacía sus deberes domésticos y cuidaba a mi papá de la mejor manera posible. Una vez, ella estaba cocinando y decía que nos iba a hacer cosquillas si entrábamos a la cocina, yo corrí tan rápido que me estrellé con la pared y me di un buen golpe. Todavía tengo la cicatriz en la frente como prueba de la diversión que experimenté ese día con mi mamá.

Mi madre tenía la convicción de que la gente sólo puede hablar mal de uno si uno les da algo de qué hablar. Ella siempre mantuvo un ojo muy cerca de todos los niños que vivían en la casa de "Los Shepherd" (ese es mi apellido paterno) y ella estaba determinada a prevenir que hicieramos algo malo.

Mi mamá me enseñó muchas cosas, especialmente a caminar de manera que nadie tuviera un motivo para hablar mal de mi comportamiento. También me enseñó que no podía culpar a nadie por cómo salen las cosas en mi vida.

Cuando tenía dieciséis años me escapé de la casa para verme con un chico. En el momento en que me estaba besando con el chico con el que estaba encaprichada, de la nada se apareció mi mamá (realmente no fue de la nada, mi prima me delató). Estábamos en una esquina de mi barrio, cuando escuché la voz de mi madre decir mi nombre con severidad, *"OLIVIA"*. La mirada de decepción en su rostro atravesó cada centímetro de mi corazón. Después de que mi madre soltó toda su decepción en mí con sus palabras, el chico que estaba conmigo trató de pedirle disculpas.

Nunca voy a olvidar lo que le dijo mi mamá: "Yo no te culpo. Si mi hija no se respeta a sí misma, no puedo esperar que otras personas la respeten." A pesar de que me tomó un tiempo aprender lo que significaba el respeto a mí misma, sus palabras realmente me impactaron y me ayudaron en mi adolescencia a tener menos relaciones íntimas con chicos.

Mi madre creía que estaba haciendo lo mejor para nosotros. Ella podía haber hecho muchas cosas diferentes, pero siempre le estaré agradecida porque a pesar de todos los obstáculos que ella tenía, estaba decidida a darnos más de lo que ella había tenido en su vida.

Ella sacrificó tiempo y dinero para ofrecernos a mis hermanos y a mí una vida mejor, aunque fuera en los Estados Unidos lejos de ella. Como adolescente era imposible para mí comprender lo que la motivaba a tomar ciertas decisiones. Sólo hasta cuando tuve mi primer hijo, me di cuenta de que incluso si me equivoco como madre, la intención de mi corazón nunca es lastimar a mis hijos. De hecho, yo deseo que aprendan de cada mala decisión que tomé en mi vida para que no tengan que sufrir las mismas dificultades que yo sufrí.

Mi madre, aunque no es perfecta era la madre perfecta para mí, ella me enseñó muchas lecciones valiosas. Yo no sería la esposa y madre que soy hoy sin su ejemplo. Dios sabía exactamente los padres que necesitaba para que me convirtiera en la mujer que él quería.

Mi propósito en los EE.UU.

Después de enviar a mi hermana mayor a los EE.UU. mi mamá quería esperar un par de años antes de enviarme a mí (como madre me imagino que era difícil para ella mandar a sus hijos a un país extraño), pero en 1989, un alboroto tuvo lugar en Panamá, como resultado de que el gobierno americano buscara al General Manuel Antonio Noriega, el dictador militar. Durante este tiempo ocurrió un accidente en nuestra casa que aceleró mi viaje.

Todas las tiendas estaban sin las provisiones necesarias. La gasolina que necesitaba la estufa para cocinar la comida era una de ellas. Mi mamá trató de prepararnos la cena en la parrilla que estaba en el patio de la casa, pero esto causó un fuego intenso que resultó en la trágica muerte de mi primo de nueve años de edad.

Su muerte llevó a mi madre a profundizar su convicción de sacar a sus hijos de Panamá y decidió adelantar mi viaje. Sin darme cuenta, ya sólo me faltaba una semana más o menos para irme de Panamá y nunca regresar. Bueno eso era lo que yo creía.

No les miento al decir que tenía mucho miedo de salir de la única vida que había conocido durante mis diecisiete años de vida, pero yo estaba lista para comenzar una vida nueva. No podía esperar para experimentar las cosas que había visto y oído sobre los EE.UU. en la televisión y las revistas. Se pintaba como una tierra hermosa y mágica llena de nieve blanca. Tenía muchas ganas de conocer la nieve. Mi mamá y yo fuimos a comprar una chaqueta, sabíamos que iba a hacer frío, y ella quería asegurarse de que estaba vestida apropiadamente para el clima. Yo estaba tan emocionada de empezar un nuevo capítulo de mi vida.

En 1989 volamos a Brooklyn Nueva York, cuando llegamos al aeropuerto y puse mis pies por primera vez en tierra americana, la temperatura era cero grados centígrados. Yo me quedé muy sorprendida por lo que vi, pues este país no parecía la tierra mágica que me imaginaba. Me sentí como si hubiera entrado a un congelador. La nieve no era como bolas de algodón sino que era blanda y húmeda. Al salir del aeropuerto mi tía con una sonrisa me dijo: "Usted ya no está en Panamá por lo que debe tener cuidado. Las personas aquí son diferentes." Me quedé muy decepcionada y pensé, ¿cómo mi madre puede creer que este lugar es mejor para sus hijos? Concluí que tal vez ella no sabía lo que este lugar era en realidad.

Yo quería regresar a Panamá desde el mismo momento que puse los pies en Nueva York, pero tenía que quedarme como había decidido mi madre. Desde que era niña hasta que llegué a la adolescencia, me obligué a creer que mi madre siempre sabría qué era lo mejor para mí porque me amaba. A pesar de cómo las cosas se veían en el exterior, seguí creyendo que mi madre sabía lo que era mejor para mí. Unos días después de vivir en Brooklyn, encontré el valor para decirle a mi mamá que yo no estaba muy contenta en Nueva York y que sinceramente no quería quedarme allí. Mi mami escuchó mi petición. Como mi mamá tenía otra hermana en Connecticut, ella le comentó la situación. Mi tía me ofreció venir a echar un vistazo donde ella vivía y me dijo que yo estaba bienvenida para quedarme con ella si me gustaba y quería hacerlo.

Connecticut se parecía más a las imágenes

que vi en Panamá de los EE.UU. Acepté la oferta de mi tía y Connecticut se convirtió en mi nuevo hogar. Después de unas semanas mi madre regresó a Panamá para estar con mi papá y el resto de mis hermanos.

Mi tía Phyllis se convirtió en una segunda madre para mí. Ella me dio la bienvenida en su casa con los brazos abiertos. La expectativa que mi tía tenía para mí era que yo necesitaba ser una participante activa en el hogar. En otras palabras, ella esperaba que yo ayudara con cualquiera necesidad que surgiese en el hogar y tenía que ir a la Iglesia todos los domingos. Todavía puedo escuchar a mi tía diciéndome constantemente: "Esta casa no es un hotel, así que aquí no dormimos todo el día." Mi tía me adoptó en su familia, un gesto que nunca olvidaré.

Todos los días, después de terminar mi limpieza, me centraba en lo que yo creía que era el propósito de mi vida, cumplir el deseo de mi mami: casarme y tener hijos. Empecé mi búsqueda para encontrar a un hombre, un príncipe de ojos azules sería aún mejor, por lo menos eso era lo que yo pensaba.

Yo no tenía ni la menor idea de cómo conseguir un esposo o un novio. No tuve mucho tiempo para practicar en Panamá. Cuando era joven no podía ir a ninguna parte sin que uno de mis hermanos fuera conmigo. No me estaba permitido tener un novio hasta que terminara la escuela secundaria. Yo tuve un novio a escondidas de mis padres en la escuela secundaria ¡pero ustedes ya saben lo que pasó!

Mi mamá tenía muy poca confianza en sus hijas debido a sus experiencias pasadas (cosas que pasaron antes de que naciéramos). Las chicas de la casa teníamos que someternos a chequeos periódicos para asegurarse que no habíamos dado nuestra virginidad antes de graduarnos de la escuela. Sabiendo que iba a ser chequeada, me mantuve virgen todo el tiempo que viví en Panamá. Lamentablemente cuando me mudé a los EE.UU. comprometí mis convicciones y a los diecinueve años perdí mi virginidad.

No quiero dar excusas por las malas decisiones que tomé después de que me fui a un nuevo país, pero la verdad es que yo era muy ingenua y mi falta de conocimiento me llevó a tomar muy malas decisiones. Yo sabía lo que no quería en un esposo, pero no tenía ni la menor idea de lo que sí quería. No tenía ninguna guía, solo sabía que no quería un hombre que me abusara física o emocionalmente, pero no estaba segura de cómo encontrar un hombre así.

Buscando a un príncipe azul

El primer chico que conocí, durante mi búsqueda de un príncipe, era un año más joven que yo. Cuando ese muchacho comenzó a perseguirme tenía dieciséis años y yo estaba próxima a cumplir dieciocho. Nosotros sólo salimos un par de semanas, porque mi primo decidió organizar una fiesta para celebrar mis dieciocho años, entonces mi "novio" me dijo que yo tenía que pedirle permiso a sus padres para que él viniera a la fiesta. No me tomó mucho tiempo darme cuenta de que algo estaba mal con esta diferencia de edades y que no íbamos a funcionar como pareja. Rompimos nuestro noviazgo y después salí con un par de chicos más, pero nada serio.

Un día, mientras estaba caminando en el barrio, un hombre mayor de treinta años estaba manejando un coche muy lujoso y se detuvo para hablar conmigo. Yo me quedé muy impresionada con él después de nuestra conversación. Empezamos a salir y sin darme cuenta le entregué mi corazón. Después de salir juntos por sólo unos meses, pensando que estaba enamorada, lamentablemente le di mi virginidad. Sus palabras me convencieron de tal manera, que yo le creí cuando él me dijo que si nos amábamos no había ninguna razón por la que debería contener lo más profundo de mi corazón y mi ser.

Yo sabía que Dios dice que las relaciones sexuales fueran creadas para un hombre y una mujer que han tomado sus votos matrimoniales. Yo deseaba tanto hacer las cosas como Dios manda, pero me convencí de que mis sueños eran sólo eso: sueños, y esperar hasta el matrimonio no tenía sentido. Cada vez que pienso en que di una parte tan valiosa de mí a alguien que ni siquiera la apreció me pone muy triste. Yo soñaba que mi luna de miel iba a ser la primera vez que un hombre me vería desnuda y ese hombre iba a ser mi esposo, sin embargo, tiré ese sueño a la basura después de lidiar con unos cuantos hombres.

Tristemente, yo creí en la mentira del mundo, que ningún hombre estaría interesado en conocer la persona que soy como ser humano, sólo estarían interesados en mi cuerpo (algo que es verdad si el hombre no está siendo guiado por Dios). Convencida de esta mentira, le di mi cuerpo. Yo tenía dieciocho años cuando esto pasó. Recuerdo lo vacía que me sentí después de haber tenido sexo con él, me entraron ganas de llorar pero no lo hice, me obligué a creer que estaba contenta con mi elección. Odiaba pensar que rendí mi virginidad, pero me tranquilicé a mí misma con la idea de que yo lo amaba y él me amaba, y que un día nos íbamos a casar. Sin saberlo, en mi subconsciente, ese día murió la Olivia llena de visiones y sueños y nació la Olivia complaciente sin opiniones ni convicciones.

Como puedes ver, está claro que no tenía ni idea de lo que estaba haciendo con mi vida romántica o personal. Yo estaba confundida, pasé de salir con un chico de dieciséis años a salir con uno de treinta años. Pero Dios se apiadó de mí, porque aunque yo no lo sabía enese momento, Dios tenía el plan de remover de mi vida a ese hombre con el que yo estaba encaprichada y darme otra oportunidad de hacer las cosas a su manera.

Un domingo, en la Iglesia donde iba con mi tía todas las semanas, el pastor le pidió a la congregación hacer una petición personal en oración y nos retó a creer que se iba a hacer realidad a través de la gracia de Dios, como si Dios fuera una especie de genio en una botella que está esperando para hacer nuestra voluntad. En ese tiempo yo estaba viviendo una vida pecaminosa, pero eso no parecía ser muy importante para mi "familia espiritual" o para mí. Pedí para que Anthony, mi novio, me pidiera que me casara con él. Ese domingo salí de la iglesia tan feliz. Yo creía que mi oración se haría realidad.

Estaba tan fuera de contacto con la realidad, que me permití creer que Dios realmente iba a premiar mi pecado. Tenía tanto deseo de ver algo bueno suceder en mi vida que me había convertido en una ciega ante las malas decisiones que tomaba.

Bueno, al llegar a casa después de ir a la Iglesia, compartí con mi prima mi petición de oración, ella me respondió: "Es mejor que dejes de orar por los esposos de otras mujeres." Anthony estaba casado y tenía hijos y mi prima acababa de descubrirlo por medio de una amiga. Me enojé y mi corazón se hizo pedazos.

Cuando le pregunté a Anthony al respecto, su excusa fue: *"Tú nunca preguntaste si yo era un hombre casado."* Él comenzó a recordarme que me dijo que estaba separado. Yo no tenía ni la menor idea de lo que "separado" significaba en ese contexto. Yo pensé que rompió con su novia, ¡no con su esposa!

Sé que pensarán que terminé con él y nunca más lo vi, pero no fue así, él volvió a mí después de un par de semanas y se disculpó. Me afirmó que estaba en el proceso de conseguir un divorcio y quería que nuestra relación funcionara, así que le di otra oportunidad. Aunque estaba profundamente herida, yo quería creerle.

Después de unas semanas de regresar con él, Anthony se rompió un hueso del pie mientras estaba practicando deporte con sus amigos. Yo iba a menudo a visitarlo al hospital. Un día, mientras yo lo visitaba en el hospital, su amigo corrió hacia mí al verme venir por el pasillo del hospital, y me dijo: "Tú eres una buena chica y no te mereces a mi amigo. Él está jugando contigo, déjalo." Aunque yo no estaba en el negocio de romper matrimonios, no me importó lo que dijo su amigo, yo quería creer que "mi hombre" me quería. Sonreí y me obligué a creer que su amigo estaba probablemente celoso de nuestra relación. Quería forzarme a creer que yo era lo suficientemente buena para que alguien hiciera sacrificios por mí. Sabiendo que Anthony me quería más que su esposa, me hizo sentir muy especial. Mis normas habían llegado a ser tan bajas.

Un par de días después de la charla con el amigo de Anthony, fui al hospital a visitarlo, pero a mi llegada me enteré de que lo habían dado de alta. Nunca más volví a saber de él, ni lo volví a ver. Dios es tan bueno. Él sabía que yo era un desastre como mujer, así que creo con todo mi corazón, que Él me cerró esa puerta para que yo no arruinara mi vida más de lo que ya lo había hecho. Si ese hombre no se hubiera desaparecido, a lo mejor yo todavía estaría con él siendo su mujer secreta.

Después de esta experiencia, en vez de buscar a Dios, me volví una mujer amargada y enojada con los hombres. Yo ya tenía dificultades para confiar en los hombres debido a las experiencias que tuve en mi infancia, pero esta experiencia realmente endureció mi corazón y robó hasta el último de mis sueños.

Después de la desaparición de Anthony,

conocí a otros chicos, esta vez luego de conocerlos, inmediatamente les preguntaba si estaban casados. Uno de ellos, de hecho me dijo que estaba casado. Su esposa y él tenían dos hijas juntos y no querían que otras personas criaran sus hijas, por eso, aunque ya no se amaban, decidieron seguir viviendo juntos "por el bien de sus hijas." Después de su confesión, procedí a darle una larga charla y enfrenté su egoísmo y falta de respeto a la mujer. No puedo recordar todo lo que dije, pero incluía, "¿no piensas que las mujeres tenemos sueños y deseos de casarnos algún día y formar una familia?" Pobre tipo, lo que le dije lo necesitaba oír, pero la manera en que se lo dije no fue muy agradable.

Para mi crédito, le dije que debería resolver las cosas con su esposa si él iba a vivir con ella, porque no era justo cortejar a otra mujer en esas condiciones. Le dije esa parte muy tranquilamente porque yo estaba agradecida de que me dijo que estaba casado.

No sé cuándo sucedió, pero un día llegué a la conclusión de que dar mi corazón y enamorarme no era lo mejor para mí, así que me prometí a mí misma no volver a hacerlo. Mi búsqueda de encontrar un hombre para casarme, en ese momento tuvo el único fin de ayudarme a convertir en una residente permanente de los EE.UU., ya que mi visa americana se iba a expirar pronto y esa era la manera más fácil de conseguir que mi visa se extendiera. Puedo decir que en ese tiempo tiré a la basura todos los sueños que tenía para mi vida.

Mi príncipe azul

El 15 de febrero de 1992, entró en mi vida un caballero que nunca imaginé iba a ser mi amado esposo. Esa noche algunas amigas me habían pedido que fuera al club con ellas, yo realmente no quería, pero "la Olivia" que siempre complace a la gente me obligó a ir. Varios chicos me pidieron bailar esa noche, pero no eran tan interesantes como Cory en la pista de baile. Cory me intrigó, algo acerca de la forma en que bailaba despertó mi interés por él.

Durante el transcurso de la noche él me invitó a bailar. Bailamos y hablamos en la pista de baile, él dijo que yo era diferente porque la mayoría de las chicas en ese club no estaban realmente interesadas en tener una conversación, todo lo que les importaba era verse atractivas mientras bailaban. Después de bailar, él me pidió intercambiar números de teléfono, pero antes de darle mi número le pregunté si estaba casado, él rápidamente respondió "no", su respuesta trajo música a mis oídos.

Después de salir con él durante un par de semanas, no tardé en darme cuenta de que él no era en lo absoluto como los chicos que antes yo había conocido, él era diferente. Él se comportaba como un caballero todo el tiempo que pasábamos juntos. Él no trato de tener relaciones sexuales conmigo y me trató como a una dama, algo que siempre quise. Como él me trataba como una dama y yo no estaba acostumbrada a que me trataran así, supuse que él no se sentía atraído hacia mí como mujer. Qué triste pensar que había aprendido a aceptar que cuando a un hombre le gusta una mujer, tenía que ser grosero con ella, la golpearía o le mentiría. Un día decidí ver si estaba correcta y lo invité a tener sexo conmigo y el rápidamente aceptó. Pensé que si no le gustaban las mujeres lo sabría de inmediato, de esa manera yo sabría sin duda si el podría ser mi amigo o mi futuro esposo.

Lo manipulé en lugar de hablar con honestidad sobre mis sentimientos. Cada vez que pienso en cómo traté al que ahora es mi esposo, quisiera poder retroceder el tiempo y hacer las cosas diferentes. Aunque habíamos disfrutado de nuestra relación sexual, después de un tiempo, me dí cuenta que Cory quería algo más en nuestra relación. Hablábamos de muchas cosas, de nuestras familias, nuestros deseos, nuestra infancia y más. A él le gustaba platicar conmigo. Estoy convencida que él no me hubiera perseguido sexualmente si yo no lo hubiera seducido. Cory no era perfecto, necesitaba desarrollar estándares bíblicos en su vida tal como yo, pero en mi opinión él tenía un estándar moral mucho más alto que el mío.

Después de un par de meses de noviazgo quedé embarazada a propósito de nuestro primer hijo. Él, siendo un caballero, decidió casarse conmigo. Cory no quería que su hijo creciera sin él en su vida, por eso sin pensarlo dos veces se comprometió conmigo y con nuestro hijo que estaba por nacer. Durante su hora de almuerzo el dia 24 de Abril 1992, ¡mi nombre cambió de Olivia Shepherd a Olivia Hudson! Cada vez que pienso en ese momento cuando mi esposo se casó conmigo, me entra mucho agradecimiento por mi suegra. Ella levantó a un hombre con valores muy fuertes.

Después de estar casados, Cory me mostraba lo mucho que me amaba todos los días. Su respeto y lealtad hacia mí eran algo que nunca había experimentado en toda mi vida. Me convenció cada día de su amor por mí, no sólo con palabras, sino también con sus acciones. Cuando no estábamos de acuerdo, el estaba dispuesto a hablar conmigo hasta que nos pusiéramos de acuerdo, aunque tomara horas. Nunca nos hemos dicho malas palabras en momentos de ira, o gritarnos el uno al otro. Poco a poco tiré a la basura mi amargura y desconfianza hacia él y decidí tratar de corresponder al amor que mi esposo me estaba ofreciendo. Yo elegí amar de nuevo, a dar mi corazón a él un poco todos los días y confiar que él lo cuidaría de una manera especial. Un día sin darme cuenta, ¡Cory se había ganado por completo todo mi corazón!

Después de estar casados por once meses, algo raro me empezó a pasar. Me puse muy enferma y la felicidad que vivía fue disturbada por problemas de salud.

Los ataques de pánico

Nuestro matrimonio iba increíble y teniamos un hermoso bebé que tenía tres meses de edad. Un día, mientras yo sostenía a nuestro bebe, de la nada todo empezó a dar vueltas a mi alrededor, me puse muy mal y tenía náuseas. Me sentía tan débil, que mi tía se quedó con el bebé y mi esposo me llevó a la sala de emergencias rápidamente, yo casi ni podía caminar.

Los doctores pensaron que estaba embarazada, pero el examen salió negativo. Ellos asumieron que no había comido bien ese día, así que después de una inyección intravenosa para ayudarme por si estaba deshidratada, me mandaron a casa a reposar y cuidar de mi dieta. Después de este extraño episodio seguimos la vida como si nada hubiera pasado, pensábamos que, como dijo el doctor, era el resultado de una mala nutrición.

Después de dos años me enfermé de nuevo de la misma manera que había pasado anteriormente. Esta vez yo estaba en embarazo de nuestro segundo hijo. Los episodios se repetían y la parte más difícil era que llegaban de una manera impredecible. Me mareaba y me ponía extremádamente débil durante un par de horas y después se desaparecían por meses. Tenía miedo de conducir debido a que en cualquier momento podría repetirse uno de esos episodios.

Fuimos al médico buscando ser transferida a un especialista. Mi historia de terminar en la sala de emergencias frecuentemente debido a estos episodios, hizo el proceso más fácil. Después de la consulta con el especialista, me mandó a hacer diferentes exámenes para determinar la causa de los episodios. Los resultados de las pruebas regresaron y el médico dijo que no había visto a alguien tan saludable en mucho tiempo, entonces eso sería algo con lo que tendría que aprender a convivir. No hace falta decir que no estaba contenta con ese diagnóstico. Después de varias semanas, de exámenes costosos y de ver a varios doctores, la respuesta siempre fue: "tiene que aprender a vivir con esa condición."

Sin respuestas médicas, mi esposo y yo nos convertimos en un equipo para combatir estos ataques de mareo y náuseas. Yo no estaba dispuesta a dejar que el misterio de la causa de mis episodios me impidiera vivir una vida normal. Me tomé un tiempo para analizar mis síntomas, estudiando cada uno detalladamente.

Aprendí a pronosticar los síntomas y logré aprender a saber exáctamente cuándo un episodio se avecinaba. Observé qué me hacía sentir mejor o peor, le presté mucha atención a mi cuerpo y a qué cosas hacían los mareos más largos o cortos. Una de las cosas más importantes que aprendí, fue que si tomaba un descanso de lo que estaba haciendo para esperar que el episodio pasara, esto sólo era útil por poco tiempo, pero si me enfocaba en algo más en vez de lo que mi cuerpo estaba haciendo, hacía que el episodio fuera más corto.

Con el tiempo, yo fui capaz de controlarlos para que en vez de durar por horas y hasta días, sólo durarán un tiempo corto. Incluso llegaron a ser casi inexistentes durante tres años. Con los episodios bajo control, yo me sentía muy contenta. No tenía un diagnóstico de qué era lo que me pasaba, pero me sentía mejor físicamente. No me importaba si tenía un diagnóstico o no, yo decidí, tal como me dijo el doctor, que era algo con lo que iba a tener que aprender a vivir.

El impacto de la Palabra de Dios en mi vida

Después de tres años de matrimonio, un día cuando estábamos en el supermercado comprando alimentos para la casa, una chica nos invitó a la Iglesia Internacional de San Diego, California. Nos interesó mucho visitarla, aunque estábamos asistiendo a otras Iglesias, porque ésta ofrecía un programa para niños pequeños.

La primera vez que visitamos la Iglesia quedamos muy impresionados. El amor, la alegría y el deseo de la gente de estar allí fue algo que nunca había visto. Yo estaba acostumbrada a que la iglesia era un desfile de modas donde los miembros iban por obligación y porque a lo mejor, de pequeños se les inculcó que debían ir a la iglesia a adorar a Dios. Esta iglesia tenía un aroma diferente y muy poco en común con lo que yo estaba acostumbrada. Nos sentimos tan amados, que mi esposo y yo empezamos a hacer estudios bíblicos personales con el fin de convertirnos en miembros de la iglesia. Al empezar los estudios, comenzaron a reaparecer los episodios, pero esta vez no tenía miedo de ellos como en el pasado, ahora tenía a Dios de mi lado. Después de unos meses de estudiar la Biblia tomé la decisión de vivir para la honra y gloria de Dios, luego de ver que yo necesitaba el perdón de Cristo.

La Biblia trajo a la luz mi naturaleza pecaminosa y gracias a Dios mis ojos se abrieron a la realidad de que, aunque iba a la iglesia todos los domingos, eso no me hacia una cristiana. Así que en Mayo 26 de 1995, fui bautizada en el nombre de Jesús para el perdón de mis pecados y me convertí en una nueva creación gracias al amor y la misericordia de Dios (2 Corintios 5:17). Esta decisión me ayudó a combatir mis ataques de pánico. En el momento que yo sentía venir un ataque, oraba para que se me pasara. Oraba durante cualquier episodio que me venía y tenía en cuenta también las cosas que había aprendido, incluyendo enfocarme en otras personas y no solamente en cómo me sentía.

Lo mejor para mí, fue darme cuenta que

ahora tenía hermanas en Cristo dispuestas a ser vulnerables conmigo. Cada vez que me entraba un ataque, yo llamaba a mis nuevas hermanas y ellas pasaban tiempo conmigo en el teléfono contándome sus problemas y orando conmigo. Centrándome en alguien más, aliviaba la locura que estaba sucediendo dentro de mí.

Con Dios me sentí en control de los episodios y mi miedo hacia los imprescindibles ataques fue disminuyendo. Por no tener un diagnóstico, y aunque las cosas iban mejor, yo siempre me sentía insegura cuando me daban los ataques, porque no quería que la gente pensara que yo estaba inventando cosas o buscando atención como una niña de dos años. Cuando me daban los ataques yo le decía a mi esposo, pero a veces yo trataba de esconderlos de él, me apenaba de lo que mi cuerpo hacia sin tener explicación.

Algo más que me ayudó y que todavía me ayuda es leer la Biblia. La Palabra de Dios me ayuda a no estar tan ansiosa sobre las cosas que no puedo controlar en mi vida. Me da ese pequeño grano de mostaza de fe que siempre necesito (Lucas 17:16). Centrándome en las escrituras fue tan efectivo, que después de bautizarme los episodios desaparecieron durante mucho tiempo.

Mi diagnóstico

Después de varios años sin episodios severos, un día uno de los ataques vino con mucha fuerza. Nada de las cosas que había aprendido traían liberación a lo que estaba sintiendo. Sentía como si estuviera teniendo un ataque al corazón. Sentía que me estaba muriendo. Tuve que ir a la sala de emergencias en una ambulancia porque no me podía ni mover de lo débil que me sentía. Este ataque era diferente a los demás, yo estaba muy asustada, no tenía ni idea de lo que me estaba pasando. Recuerdo que el doctor me pidió sentarme y concentrarme en su dedo, el doctor le mostró a mi esposo que estaba mareada porque mis ojos estaban girando cada vez que trataba de concentrarme en su dedo.

En medio de todo lo que estaba sintiendo, me emocioné porque por primera vez, un médico pudo demostrarle a mi esposo que yo no estaba inventando mis síntomas. Yo sabía que mi esposo no creía que yo estaba mintiendo, pero me estaba empezando a sentir bastante estúpida porque no había manera de explicar las cosas que estaban sucediendo dentro de mi cuerpo. ¡Imagínense mi alegría cuando el doctor aseguró que tenía una prueba!

Después de hacer algunos exámenes de sangre el médico nos dijo en un tono muy agradable: "Yo te voy a dar algo que le doy a mis pacientes que sufren de ansiedad, necesitas algo para ayudarte a relajar. Tus análisis de sangre están todos bien, así que no puedo hacer mucho aquí, sólo darte medicina antes de irte a la casa y pedirte que hagas un seguimiento con tu médico de cabecera. La medicina es solo momentánea para que te ayude con los mareos."

Realmente no me importó saber lo que me dio, yo quería sentirme mejor, así que tomé la medicina. La medicina trajo una sensación interesante en mí cuerpo, yo podía sentir que todavía estaba mareada e inestable, pero yo misma no lo estaba. Era una sensación extraña y horrible, pero era mejor que estar mareada y sentir que mi corazón se iba a salir de mi pecho.

No hice seguimiento con mi médico porque no quería escuchar la misma respuesta: estás sana. Como siempre el tiempo pasó y otra vez los episodios parecieron haber entrado en hibernación.

Un día, mientras escuchaba a una hermana en Cristo compartir conmigo acerca de su trastorno obsesivo compulsivo y de lo mal que se sentía al no poder controlar sus episodios, le compartí cómo me sentía durante mis episodios. Yo quería relacionarme con ella porque sé lo que se siente cuando el cuerpo está fuera de control. Ella escuchó con atención y me dijo: "Olivia eso me suena como a que estás sufriendo de pánico, de hecho voy a traer mi libro que describe todos los trastornos de salud mental que las personas pueden tener, para que puedas buscar acerca del pánico."

Después de tantos años de búsqueda sin respuestas (diez para ser exactos), yo no podía esperar su libro. Apenas se fue la hermana yo fui a mi computadora y leí sobre la ansiedad y el pánico. Aprendí mucho. Pasé horas leyendo y aprendiendo sobre el tema, esa noche dormí muy poco. El internet ofrece muchas páginas con pruebas gratuitas que te dejan saber si puedes estar sufriendo ansiedad o ataques de pánico. La investigación me reveló que una infancia traumática o cualquier tipo de trauma podría llevar a una persona en el futuro a tener problemas de salud mental, incluyendo ansiedad severa o ataques de pánico, por lo que se recomendaba consultar a un terapeuta para llegar a la raíz del problema.

La mañana siguiente hice una cita y pude ver a un terapeuta rápidamente. Al principio de la cita yo me sentía increíblemente animada, por primera vez alguien me estaba haciendo todas las preguntas correctas; ¿Se siente como que usted está sudando profusamente? ¿Siente que va a vomitar? ¿Su corazón late tan fuerte que se siente como que usted está teniendo un ataque duro al corazón? ¿Siente como si estuviera a punto de desmayarse? ¿Se siente como si estuviera a punto de morir? ¿Se siente como si tuviera una fiebre muy alta?.... Le dije que sí a casi todas las preguntas. Hubo sólo una o dos preguntas a las que respondí que "no." Después de que el terapeuta finalizó su interrogatorio me dijo: "Usted está teniendo ataques de pánico severos, hay cosas que están creando estos ataques y tenemos que profundizar para saber que son."

Yo estaba feliz de tener un diagnóstico. No tenía un tumor invisible o mi corazón no iba a dejar de latir de repente un día (estas eran algunas de las cosas que yo creía que estaban mal en mí); sin embargo, yo estaba muy enfadada porque había desarrollado un problema de salud mental. Me dió cólera porque yo no quería acabar como mi padre, una loca (así yo llamaba y veía a las personas con trastornos de salud mental antes de aprender a verlos como un ser humano). Yo tenía muy poco conocimiento acerca de la salud mental.

Para calmar mi ansiedad y los temores, el terapeuta se tomó un tiempo para explicarme que hay varios grados de enfermedades de salud mental. Este era un concepto nuevo para mí, porque crecí sólo conociendo dos categorías de trastornos mentales: un poco loco o bastante loco. Lamentablemente, durante mis años de terapia se me hizo claro que mi padre no tuvo la ayuda que necesitaba porque fue agrupado con el grupo de "bastante loco."

Someterme a la realidad de que sufro de ataques de pánico no fue fácil, pero haciéndolo se me dió la oportunidad de aprender que la razón por la que era difícil para un doctor diagnosticarme, era por la época en la que me pasaban los ataques. Cada vez que iba al hospital me preguntaban si tenía algún estrés en mi vida en el momento, a lo que yo siempre respondía que no, por esa razón los doctores siempre descartaban la tensión interna, la ansiedad o algún tipo de problema de salud mental.

Durante la consejería, tomamos un tiempo para reflexionar sobre cada episodio y aprendimos que después de que se había ido cualquier estrés en mi vida, más tarde mi cuerpo reaccionaba de una manera que me hacía sentir mal físicamente. Por mi pasado traumático, yo había desarrollado una alta tolerancia al estrés. Él me explicó que cuando yo estoy enfrentando una situación estresante, yo soy como un león, lo enfrento sin temor y controlo mis emociones. El problema es que por no hablar de cómo esos problemas me hacían sentir, mi cuerpo explotaba en ataques de pánico.

Aprendí en la terapia, que yo me enseñé desde joven a que cualquier tensión que experimentaba en mi vida no iba a determinar cómo yo iba a reaccionar. Aprendí a controlar mis emociones, las hice obedientes a mí. Sin saberlo, había hecho un pacto conmigo misma: no importa que pasara en mi vida, yo iba a ser fuerte, a pesar de cualquier dolor que pudiera sentir en una situación estresante, yo iba a ser fuerte.

Esta forma de lidiar con el estrés o las tragedias, no me enseñó a consolarme o ser compasiva conmigo misma, y una vez que la tensión se iba, mi cuerpo se ponía fuera de control y entraba en ataque de pánico. Cuando todo había pasado y yo me sentía bien, todo el miedo, el trauma, o el dolor que había sentido, me llevaban a entrar en pánico y por no ser vulnerable con mis traumas, sentimientos y dolores, mis emociones tomaban el control total sobre mi cuerpo. Por eso, aunque los ataques eras más espaciados, cuando venían eran más fuertes, porque entre más yo los controlaba, mis sentimientos más peleaban. Mis dolores tenían una voz y no iban a dejarme en paz hasta que yo escuchara lo que me querían decir.

Yo era como la persona en una película a la cual le disparan por defender a alguien más o por estar tratando de salvar su propia vida, que lucha contra todo aunque esté adolorida, pero después que ha ganado la pelea, el dolor de las balas empieza a ser tan insoportable, que la persona comienza a gritar de dolor. Eso es lo que mi cuerpo estaba haciendo cada vez que yo tenía que lidiar con las cosas difíciles en mi vida. En resumen, durante una situación de estrés había aprendido a controlar mis emociones, después del estrés mis emociones me controlaban a mí.

Como yo estaba totalmente inconsciente de lo que estaba pasando en mi cuerpo, yo sólo encontraba éxito en la búsqueda de un alivio temporal. Pero yo anhelaba un alivio permanente. Antes de que eso pasara, tenía que tomar una decisión muy importante para poder encontrar ese alivio que tanto deseaba, y no iba a ser fácil, pero lo hice. Lo que tenía que hacer iba a ir en contra de todo lo que yo quería hacer. Yo quería olvidar mi pasado y las cosas que me pasaron, yo no quería sufrir o levantar recuerdos que me iban a llevar a la melancolía, pero era necesario.

Las primeras citas terapéuticas.

Varios años después de ser cristiana, me di cuenta de que la única esperanza para encontrar una solución más permanente para mis ataques de pánico, era profundizar en las raíces y las causas de estos episodios. Siempre andaba ansiosa por temor a un ataque inesperado, ya estaba cansada de los ataques que me hacían estar débil por días. Sí, tenía miedo a profundizar en mi pasado, pero era mejor profundizar a no saber cuándo iba a estar incapacitada.

Profundizar en mis raíces traumáticas, fue como tomar la decisión de ir a una aventura y no saber qué vas a encontrar, la única cosa que era segura en ese momento era que esta aventura iba a traer muchos momentos amargos. Tenía miedo de lo que iba a encontrar en el camino, pero sabía que tenía un problema de salud mental y que necesitaba algo más que unas soluciones prácticas para disfrutar de una sanación emocional. Tenía que ir a lo más profundo de mi corazón y traer a la luz, la oscuridad que desencadenó mi cuerpo de maneras inesperadas por tantos años.

Cuando empecé por primera vez a ver a un terapeuta, lo primero que hicimos fue sacar aparte mi pasado y pude ver que mi primer ataque de pánico se produjo a los 16 años. Un día, mi mamá y mi papá tuvieron una pelea grande. Las peleas entre mis padres a veces eran muy violentas, incluso físicamente. Durante una de sus luchas yo le dije a mis padres que me iba a ir de la casa, que yo ya no quería vivir de esa manera; corrí a mi habitación y comencé a empacar algo de mi ropa en una funda de almohada, mi papá se enojó mucho y empezó a gritarles a todos en la casa, de repente de la nada me encontré temblando incontrolablemente. Yo no sabía lo que me estaba pasando, pude ver que mis hermanos me miraban con horror, empecé a mecer mi cuerpo hacia atrás y adelante, era como si yo hubiera entrado en un estado de shock. No podía pensar en nada, recuerdo tener miedo de lo que mi cuerpo estaba haciendo, era inexplicable.

Mi madre empezó a gritarme para que dejara de temblar; todavía escucho sus palabras;

"Olivia, Olivia, ¡para!, ¡para!" Pude ver el horror en su rostro, pude ver sus lágrimas mientras decía "¡para chichi, para!" (chichi es el apodo que me dio mi mami). Siendo yo madre ahora puedo imaginar el dolor que ella sintió al verme así. Estaba tan removida en ese momento, que ni siquiera ver el dolor que claramente le estaba causando a mi familia, me llevó a parar. Me gustó lo que estaba sintiendo: por primera vez no sentía el dolor de mi familia, no me sentía adolorida por nadie. Después de un par de horas se me pasó el ataque de pánico.

Como adolescente, traté de cumplir con las órdenes de mis padres sin murmuraciones o contiendas, aun así nada funcionaba, todavía vivíamos en una casa muy disfuncional y mi papá era muy agresivo. Yo siempre les andaba predicando a mis hermanos y hermanas lo que no debían hacer para meterse en problemas con mi papá, para que él no los terminara abusando físicamente, en vez de expresar mis sentimientos sobre nuestra manera de vivir (este método mío... no ayudó en mi relación con mis hermanos porque me convertí en una hermana muy mandona y controladora.)

En la terapia aprendí que, porque nunca

expresé lo que sentía cuando era niña, mi cuerpo explotó del silencio que llevaba por dentro. El Salmo 32:3 dice; **"Mientras callé, mis huesos se fueron consumiendo por mi gemir (expresar dolor, pena o placer) de todo el día."** La verdad es que, amiga que lees, yo gemía. El silencio sobre el dolor que había guardado o sentido por tantos años, hizo que mis emociones expresaran su dolor y pena de una manera que me llevaba a ataques de pánico o también a no hacer las cosas como Dios deseaba para mi vida.

Después de ese episodio, la vida continuó y lo único que pasaba a menudo era que me quejaba de no poder respirar. A veces era tan difícil, que una vez recuerdo que me fui de la escuela temprano a la casa porque yo sentía que no podía respirar. Mi mamá comenzó a preocuparse por mis quejas, así que me llevó al médico. El médico me dijo que tenía algunas glándulas inflamadas en el cuello que estaban causando obstrucción, así que él me recomendó una cirugía para extirpar mis amígdalas.

La operación salió bien, pero la noche de la cirugía sucedieron en Panamá los disturbios que mencioné anteriormente buscando al General Noriega. Era como si el pueblo alegre y compasivo, se hubiera convertido en un pueblo agresivo al que no le importaba lo que pasara con su vecino. Hubo muchos robos, una gran cantidad de disparos, muchos muertos y heridos. No era seguro estar fuera de casa y andar por las calles. Mientras estaba en el hospital, algunas personas pusieron en peligro a los pacientes del hospital diciendo que iban a matarnos a todos, a menos que la farmacia que se encontraba en el hospital les diera medicamentos. Los ladrones querían las medicinas. Cuando mi madre oyó esto, ella vino a buscarme sin importarle la inseguridad que había en las calles, ni la advertencia que se había dado de que la gente no saliera de sus casas. Nunca olvidaré ese acto de mi madre. Ella se convirtió en una leona dispuesta a protegerme, incluso si le costaba su propia vida. Luego de este disturbio, mi mami aceleró el proceso de sacarme de Panamá y después de un par de meses me fui a vivir a los EE.UU.

Como ya no tuve más ataques de pánico en Panamá, todos, incluyéndome a mí misma, llegamos a la conclusión de que la cirugía había acabado con mis problemas de salud. Lo que realmente pasó fue que los ataques habían ido en receso porque mi cuerpo y mi mente sentían alivio al saber que pronto iba a salir de la vida inestable en la que vivía.

Aunque los síntomas se habían ido durante el final de mi adolescencia, regresaron cuando tuve mi primer hijo porque no había lidiado con la raíz de estos episodios y para muchas madres con pasado traumático, tener un hijo puede conducir a tener mucho estrés.

Es curioso cómo antes de ser diagnosticada con los ataques de pánico, yo me despertaba en medio de la noche y le decía a mi esposo que sentía que no podía respirar y él me decía: "Cariño, si usted está hablando, usted está respirando." Su respuesta me enojaba mucho, porque para mí yo estaba teniendo problemas para respirar, así que aprendí a respirar profundamente o pararme a caminar hasta que sintiera que estaba respirando bien. Yo temía mucho que una noche iba a parar de respirar cuando estuviera dormida.

El primer terapeuta que vi después de mi diagnóstico, me hizo consciente de mi condición, pero con el tiempo deje de ir a terapia con él. Dios lo usó para lo que yo necesitaba en ese momento, que era aceptar el hecho de que yo sufría de problemas de salud mental. Una vez que acepté mi condición, me sentí mucho más en paz conmigo misma.

Aunque los ataques tenían una conexión directa con mi pasado, en ese momento mi terapeuta fue incapaz de llegar al fondo de ellos, o tal vez yo no estaba dispuesta a ser lo suficientemente vulnerable para conseguir la ayuda necesaria, con el fin de que mis emociones o mi pasado no fueran los encargados de mi felicidad.

Unos meses después de dejar la terapia los episodios volvieron pero muy leves. Esta vez podía controlarlos con las cosas que había hecho en el pasado, pero, una vez comenzaron a ser más frecuentes, decidí ir de nuevo a ver a un terapeuta. Yo no quería esperar a terminar enferma por horas como en el pasado o que tuvieran que llamar a una ambulancia por lo débil que estuviera. Yo quería proteger a mis hijos de esa experiencia, por eso rápidamente hice una cita.

Mi segunda terapeuta fue muy agradable. Durante nuestra primera sesión, le conté la historia de mi vida y lo que me llevó a sacar la cita con ella. Le expliqué que me daban ataques de pánico y que no estaba segura de cómo hacerlos desaparecer por completo. Le dije que yo sabía que estaban conectados con mi pasado, pero que eso era todo lo que sabía. En esa ocasión hablamos durante dos horas.

Pasé un par de meses contándole mi historia detalladamente. Como las sesiones eran sólo de 45 minutos. A medida que avanzaba contando mi historia, mi capacidad para mantener la calma fue disminuyendo; volver a contar la historia de mi vida fue difícil porque yo lloraba mucho. Yo quería dejar de ir a ver a la terapeuta, porque me sentía que cada sesión era demasiado corta y yo odiaba hablar de todas estas cosas sin tener ninguna solución. Al contar mi historia, se estaban exponiendo cosas que me causaban mucho dolor y esa no era mi idea para solucionar mis ataques de pánico. Compartí mi frustración con ella porque cuando me iba de las sesiones a la casa, mi mente no dejaba de pensar y revivir esos recuerdos dolorosos.

La terapeuta me aconsejó que cinco minutos antes que terminara la sesión yo visualizara una señal de "pare", y me dijera a mí misma, "es el momento de parar." Su consejo funcionó y tuve la oportunidad de contarle toda mi vida, el dolor, el abuso, el abandono y mucho más, hasta que finalmente todos los detalles que yo recordaba de mi vida fueron expuestos delante de ella.

Recuerdo que un día, después de oír toda la historia de mi vida, la terapeuta me preguntó: "¿Cómo te sentirías si tu padre nunca te pidiera perdón por todas los traumas que te hizo pasar? Mi respuesta fue que un día él lo iba a hacer. Yo no quería perder la fe de que mi padre podría cambiar. Ella respondió que eso era algo que nadie podía garantizarme.

Convirtiéndome en discípula de Cristo me había dado la esperanza y la fe de que la gente puede cambiar. Así que su respuesta me llevó a la conclusión de que mi terapeuta no tenía fe en Dios (en lugar de lidiar con mis problemas, decidí ser crítica con mi terapeuta), así que inconscientemente estaba impidiendo que el tratamiento fuera más profundo.

Un día la terapeuta me dijo que yo estaba experimentando un montón de bloqueo y que mi mente no era capaz de exponer algunos de los traumas. Así que paramos la terapia. Por segunda vez yo no estaba lista para llegar más profundo tratando mi trauma.
Pero Dios era paciente conmigo y sabía

exactamente lo que necesitaba. Después de un tiempo me dio una terapeuta que solo me escuchó sin interrumpirme o hacerme preguntas. Yo necesitaba oírme a mí misma contar mi historia, llorar y ser consolada y eso fue exactamente lo que hizo esa terapeuta.

Dios sabía que esta etapa en el proceso era importante para mí, yo tenía que aceptar que mi pasado me hizo la mujer quien soy hoy y la manera como proceso lo que sucede en mi vida. Con esta terapeuta aprendí que mi pasado no tenía que determinar las cosas que creo de mi misma. Yo necesitaba saber que la vida que vivo ahora es el resultado de decisiones que estoy tomando como adulta, no puedo culpar a mi pasado por mis fallas presentes.

Mi terapia terminó porque la terapeuta dijo que mi mente estaba nuevamente bloqueada. Los ataques continuaron aún después de terminar de ver a mi terapeuta, pero yo los controlaban mejor que antes. Cuando todo en mi cuerpo estaba volviendo a la normalidad y ya casi no tenía más ataques, Dios me presentó su próximo plan para profundizar más en mi pasado y lidiar con las cosas que yo trataba de escapar o ignorar pero que estaban allí.

Un plan inesperado

En 2003 mi esposo y decidimos comenzar el proceso necesario para ser padres de crianza en el estado de Connecticut. En 2005 le dimos la bienvenida a una niña a nuestra casa y, después de casi dos años de ser sus padres de crianza, la adoptamos legalmente.

El trauma que mi hija había experimentado la hacía ser muy agresiva conmigo emocional y físicamente. Ella me hacía mucho daño, aunque no era a propósito, pero la manera como me trataba me traía muchos recuerdos de mi niñez. Con el tiempo, tratando de ayudarla, regresaron los ataques de pánico en donde sentía que no podía respirar de nuevo. Necesitaba ayuda para lidiar con las emociones de mi hija, así que decidí volver a la terapia. Quería ayudar a mi hija, pero me sentía como si estuviera perdiendo el control de mi cuerpo de nuevo. Tenía momentos en que me enojaba demasiado con ella y eso no ayudaba a nuestra relación de madre e hija. No me gustaba para nada la forma en que ella me trataba. A causa de su trauma, entre más yo la amaba, más se enojaba conmigo. Intelectualmente, yo sabía que ella no lo hacía a propósito, pero emocionalmente no la podía perdonar por la manera en que diariamente me hería.

Dios sabía yo quería ayudar a mi hija, yo estaba tratando de amarla, pero ella provocaba en mí una ira inexplicable. Yo sabía que mi hija me necesitaba y yo quería hacer todo lo posible para cuidar de ella de la mejor manera. Sin pensarlo dos veces, después de ver que mis sentimientos de compasión hacía ella disminuían cada día, busqué nuevamente ayuda terapéutica.

La primera visita con esta terapeuta fue muy buena. Ella me explicó que se había certificado en terapia holística. Su especialidad era ayudar a pacientes con traumas. Le expliqué que estaba allí porque necesitaba una guía para poder ayudar a mi hija, ya que mis ataques de pánico empezaron de nuevo a ser agresivos y constantes. Cuando esta terapeuta me pidió que compartiera mi historia, lo hice en una hora (me había convertido en una experta narrando mi historia). Cuando terminé, la terapeuta sólo me miró y dijo: "¡Guau! ¿Te das cuenta que me contaste una historia muy traumática de tí misma, sin ninguna emoción, como si no fuera algo que te pasó a ti sino a alguna otra persona?" Esta era la primera vez que alguien me había hecho la observación de lo desconectada que estaba de las cosas que habían pasado en mi niñez y mi adolescencia. Salí de mi primera sesión sintiéndome perpleja.

Con esta nueva terapeuta yo siempre venía preparada para cada sesión y empezaba a hablar, hablar y hablar. Un día me dijo: "Hmm... Eres muy abierta acerca de tu vida, has compartido toda tu vida conmigo en pocas sesiones, ninguno de mis pacientes ha sido tan vulnerable como tú. Mi preocupación no es lo vulnerable que eres al hablar de tu pasado, sino tu falta de conexión y la forma en que aparentas ser una mujer muy fuerte."

La siguiente semana, durante nuestra sesión, ella me pidió que hiciera el ejercicio que mencioné al principio de mi libro: imaginarse a mí misma como una niña y decirle una cosa a esa niña. Una vez que pronuncié las palabras "lo logramos" el proceso de hablar acerca de lo que la niña y yo habíamos logrado comenzó.

Esta terapeuta me enseñó a expresar lo que sentía sobre las cosas que me habían pasado. Ella decía exactamente lo que ella sentía. Una vez, cuando compartí algo traumático que me sucedió, ella usó una mala palabra y dijo; "... no puedo creer que te haya pasado eso."

Esta vez como yo estaba lista a embarcarme en esa aventura e ir a lo más profundo de mi corazón, en vez de ser crítica y terminar mi terapia, compartí con ella que las malas palabras me hacían sentir incómoda, ella se disculpó y nunca más uso una mala palabra.

A medida que las sesiones continuaban, algo extraño comenzó a suceder. Cada vez que tenia cita y estaba a una calle de su consultorio, empezaba a tener ataques en lo que sentía como si no pudiera respirar. Le comenté a la terapeuta y ella me ayudó a ver que era claro que mi cuerpo tenía miedo de profundizar. Ella me animó diciendo que era increíble que yo estaba dispuesta a luchar para tener una buena salud mental y hacer lo posible por mantenerla.

Habían sesiones en las que, cuando ella me

preguntaba algo con el fin de profundizar un poco más, comenzaba a tener náuseas tratando de revivir los malos momentos de mi pasado. La terapeuta me decía que usara el cubo de la basura si era necesario que vomitara, pero que siguiera hablando aunque fuera doloroso.

Algunas sesiones fueron tan intensas, que quería irme a la casa corriendo porque no quería que mi familia me viera tan inestable emocionalmente. Estoy muy agradecida por una de mis mejores amigas, Tamara, que limpió mis lágrimas, presenció mis momentos de enojo y siempre al final de escucharme me dirigió hacia Dios. Ella me decía: "Mi amiga, tu experimentarás la paz, un día, un día dejarás de llorar tanto (yo lloraba todos los días)." Después de algunas sesiones yo iba a su casa para calmarme un poco y ella siempre tuvo tiempo para mí. Tamara fue muy esencial durante estos momentos difíciles, un gesto que nunca olvidaré.

Debido a que los ataques estaban empezando a ser tan fuertes que era difícil controlarlos, la terapeuta me enseñó que, en lugar de imaginar una señal de "pare" como me había enseñado la última terapeuta que tuve, me acostara en la cama en posición fetal, me abrazara a mí misma y me repitiera hasta que me calmara: "estas bien Oli, no estás en peligro." Su sugerencia me ayudó a darle abrazos y consolar a la niña dentro de mí que estaba tan asustada y a profundizar más en mi corazón. La pequeña dentro de mí necesitaba ser consolada por las cosas que había sufrido.

Después de años de terapia, por primera vez pude perdonar desde el fondo de mi corazón a los que me habían causado dolor. Experimentar el hecho de poder perdonar de esa manera, logró que me sintiera en paz conmigo misma, no sólo en mi cabeza, sino también en mi corazón.

Una escritura muy valiosa para mí en ese momento fue Marcos 12:31.
"El segundo es: "Ama a tu prójimo como a ti mismo." No hay otro mandamiento más importante que éstos."
Esta escritura me ayudó y me continúa ayudando a aceptar que las cosas que me hicieron o dijeron otros, a pesar de haberme herido, lastimaron más a Dios. Ellos no pueden ver cómo sus acciones lastiman a otros, porque no ven que si aceptan el amor de Dios de la manera que la Biblia enseña, se

aceptarán a sí mismos. Finalmente comprendí y acepté la raíz de sus acciones, especialmente la de mi papá. La realidad es que mi padre nunca podrá pedirme perdón, a menos que vea su necesidad espiritual y la única esperanza para que eso suceda, empieza conmigo, aceptando que él o mi mamá, o cualquier persona que me hizo sufrir, no lo hicieron porque no me amaran, sino porque no sabían cómo amarse o aceptarse a sí mismos.

Hoy en día comprendo más profundamente porqué Dios puso en la Biblia el mandamiento de amar a otros como nos amamos a nosotros mismos. En mi opinión la mayoría de seres humanos tratamos a otros de la manera que profundamente queremos que nos traten otras personas. Es mi convicción que la manera en que amamos a otros empieza con nosotros, por eso hay que trabajar en amarnos a nosotros mismos primero. En mi caso tuve que aprender lo que eso significaba y sigo aprendiendo.

Esta convicción me llevo a ver el daño que alguien puede hacerle a otro cuando no se ama a sí mismo. Me hizo tomar la decisión que era hora de aprender a amarme a mí misma ya que estaba afectando mi relación con mis seres queridos. Yo esperaba de ellos más de lo que podían dar. Dios me embarcó en una nueva aventura, un nuevo plan hacia la sanación emocional: amarme a mí misma.

Es injusto esperar que alguien sepa cómo amarnos por completo. Yo he aprendido en la Biblia que Dios me ama, sin importar si yo lo creo o no. Dios es el único que sabe cómo amarme por completo porque él me formo en el vientre de mi madre (lea el Salmo 139), solo él sabe todas mis necesidades. Las personas que me quieren están haciendo lo mejor que pueden con la información que yo les doy, incluyendo mis padres, y la verdad es que a veces ni yo misma sé qué necesito. Saber esto, me ayuda a tener compasión cuando alguien no me muestra lo mucho que me ama, como yo lo espería.

Uno de los primeros retos que tuve que enfrentar en este nuevo plan, era aprender a renunciar a la necesidad profunda de buscar validación en los seres humanos. Aunque todavía lucho en esta área, gracias a Dios he crecido mucho. El ejemplo del apóstol Pablo me anima mucho. Gálatas 1:10 dice: **"...Si yo buscara agradar a otros, no sería siervo de Cristo."** El Apóstol Pablo es para mi gran ejemplo como discípulo cuando tengo la tentación de poner mi fe en alguien más que no sea Dios.

Aprender a amarme a mí misma no ha sido fácil. Es un camino largo, pero las victorias que he tenido no tienen precio. Las sesiones de terapia me dieron muchas cosas para ir a casa y profundizar, para exponer las áreas en las que tenía que amarme a mí misma. Mi seguro no cubre terapeutas cristianos, así que era muy importante comparar los consejos terapéuticos con la Biblia para asegurarme que estaba cambiando de una manera que fuera aprobada por Dios. Había partes de mí, que no eran semejantes a Cristo, que yo amaba y tenía que aprender a no sólo arrepentirme en esas áreas, pero a odiarlas. Me culpaba por un montón de cosas por las que no debería sentirme culpable y no me hacía responsable de las cosas que debería haber sido responsable. Dios es tan bueno conmigo. Él constantemente me recordó lo mucho que me quería en su palabra, y por primera vez, me vi a mí misma enamorándome de Dios de una manera que nunca pensé que fuera posible, aceptándome tal como soy, con todo lo bueno y malo de mí.

Recuerdo que cuando yo estudié la

Biblia, sentía que no estaba lista para ser una discípula de Jesús porque no sentía ese amor por Dios que veía en otros discípulos. Estaba dispuesta a hacer la voluntad de Dios, porque sin duda es mejor que la mía. Comprendí y creí que Jesús murió por mí y yo quería servirle. Yo quería pagarle por la forma en que se sacrificó por mí. Yo sabía la clase de mujer que era y aunque no podía comprender por qué Jesús haría algo así por mí, tomé la decisión de servir a Dios por el resto de mi vida. La única cosa que no tenía era mi falta de conexión emocional con Dios. No me sentía enamorada de Dios.

A través de mis estudios llegué a respetarlo, confiar en él, entregarme a él, pero no tenía ningún sentimiento emocional hacia Él. Mis decisiones espirituales fueron intelectuales, pero mi falta de conexión emocional con Dios me tenía preocupada. Al compartir mi preocupación con las hermanas que me estaban dando los estudios bíblicos, una de ellas compartió conmigo Juan 14:15; **"Si ustedes me aman, obedecerán mis mandamientos."** Esta escritura me ayudó a ver que yo amaba a Dios, aunque no lo sentía emocionalmente. Tomando la decisión de hacer a Jesús mi Señor y mi Salvador, me hizo confiar en que algún día mi corazón se conectaría emocionalmente al de Dios.

Cosas que nunca olvidaré en Connecticut.

Había muchas cosas de mi apariencia física que no me gustaban, cosas por las que tuve que orar para aprender aceptar la manera en la cual Dios me creó. Inclusive, hice un estudio personal sobre qué es ser una mujer bella delante de Dios, para poder verme como tal (te recomiendo que lo hagas). Una parte de mí que nunca me gustaba era mi cabello natural, ya que desde pequeña creí en la mentira que se me dijo sobre que sólo el cabello largo y liso era bonito. Después de mucha oración decidí cortarme todo el cabello que había alisado con un tratamiento. Después de hacerme el corte, estaba tan asustada de las opiniones que me podría dar mi familia, que llegué a la casa muy nerviosa. Siempre recordaré lo que me dijo mi hijo Joe: "Mamá aunque no me gusta el corte porque es muy corto, para mi gusto por lo menos es su cabello. Usted debería estar feliz porque es su cabello y no debería gastar tanto dinero en el pelo falso." Mi esposo al verme me dijo con una sonrisa muy grande en su rostro: "Cariño te ves hermosa, ahora puedo ver toda tu cara bonita." Mi esposo siempre ha sido muy halagador conmigo y está convencido de que yo soy la mujer más hermosa en este mundo.

No estoy diciendo que nunca más voy a ponerme pelo falso o un alisador de cabello, porque ninguna de esas cosas son malas, sólo deseo aclarar que si alguna vez decido alisar mi cabello o ponerme extensiones, no es porque yo no creo que mi cabello es aceptable, pero porque me gustaría un estilo diferente.

El fin de semana que me corté el cabello, nos pidieron a mi esposo y a mí que compartiéramos el mensaje sobre la comunión en la reunión del domingo de la Iglesia (en mi Iglesia para la comunión a veces se les pide a los miembros que compartan cómo el sacrificio de Jesús está impactando sus vidas). Como yo estaba aprendiendo que parte de amarme a mí misma era estar dispuesta a exponer la "verdadera yo" sin importar quién me viera, recordé que no hay razón para temerle al hombre.

Mateo 10:28 dice: **"No teman a los que matan el cuerpo pero no pueden matar el alma. Teman más bien al que puede destruir alma y cuerpo en el infierno."** Nadie tiene el poder para tomar mi alma

Ese domingo compartí sobre mis terapias para lidiar con mis ataques de pánico (¡esta vez compartí una versión muy corta!). Estando frente a los hermanos de la Iglesia Internacional de Cristo en Connecticut, fue la primera vez que una multitud me vio luciendo mi cabello corto y natural. Ese día hablé de cosas que solo había compartido con mi esposo, mis hermanas espirituales, mis mejores amigas o en una terapia. Dios utilizó su Palabra y puso personas en mi vida que me llevaron a profundizar en mi corazón cosas que yo deseaba ignorar. Logré hacer cambios internos y físicos gracias a la gracia y el poder de Dios.

A pesar de que Dios me había dado la salvación, Él quería que yo experimentara la paz que sobrepasa todo entendimiento, y yo no había experimentado eso todavía. Con todos estos cambios, cada día estoy más cerca de sentir la felicidad que Dios desea para mí. Yo era una cristiana segura, pero infeliz y gracias a Dios estoy aprendiendo a ser una cristiana segura y feliz.

Dios también me enseñó el gran amor incondicional que existe en el cuerpo de cristo (la Iglesia). Un hermano que había traído mucho dolor a su familia antes de ser cristiano, al ver mi sufrimiento procesando todas las cosas que estaba aprendiendo, me pidió que le dijera todas las cosas que me gustaría decirle a mi papá. Él me explicó que podía responder a todas mis preguntas, porque él sabía exactamente lo que debiera estar pensando mi papá; porque aunque él no sufre de salud mental, él estaba en muy malos pasos y casi pierde su familia.

Tomé su oferta e imaginando que hablaba con mi papa le pregunté: "¿Papá, no era yo digna de que cambiaras?" El hermano respondió: "Usted era digna, pero estoy tan mal que ni siquiera puedo ver lo mucho que la hago sufrir". Yo estaré siempre agradecida por mi hermano en Cristo que se negó a sí mismo para hacer algo tan desinteresado por mí. Yo sé que no fue fácil, que cada pregunta que le hice, le recordaba las preguntas que sus propios hijos probablemente se preguntaban cuando él no era un buen papá, sin embargo, lo hizo para ayudarme durante mi proceso de sanación emocional.

Proverbios 18:24 dice; **"El que tiene amigos poco fiables pronto viene a la ruina, pero hay un amigo que es más fiel que un hermano."** Estoy muy agradecida por mis hermanos y hermanas que fueron tan fieles durante ese tiempo en mi vida. ¡Estoy también agradecida por los amigos y amigas espirituales que surgieron en mi momento de dolor!

Diariamente recibía aliento de los hermanos y hermanas que sabían el proceso en el que estaba, me decían a menudo: "Aguanta ahí hermana estoy orando por tí "y me llenaban de besos y abrazos muy grandes constantemente porque podían ver mi dolor.

Lamentablemente, luego de avanzar en mi proceso con la ayuda de mi terapeuta y los hermanos y hermanas en Connecticut, nos dimos cuenta de que teníamos que mudarnos al estado de Washington. No me sentía preparada para mudarme, todavía me sentía muy frágil, estaba en paz, pero estaba frágil. Me sentía como si hubiera salido de una cirugía muy extensa. Yo estaba feliz que se había hecho la cirugía, pero estaba adolorida porque todavía me faltaba recuperarme.

Dios había abierto mis ojos y mi corazón a cosas que estaban enterradas por años. Los ataques de pánicos empezaron en mi niñez y son algo que voy a tener por el resto de mi vida, pero en Connecticut aprendí que puedo ayudarme a minimizar los episodios si elijo lidiar con el estrés, el dolor o el trauma en vez de ignorar mis sentimientos.

Después de casi seis años le dije adiós a Connecticut y nos mudamos al estado de Washington. Dios sabía que tenía que ir allí para lidiar con otra parte de mi corazón que necesitaba ser curada. Sin embargo, espero que nunca olvide la manera que, aunque fue difícil, crecí mucho espiritual y emocionalmente durante los años que viví allí.

Diagnóstico inesperado.

Poco después de llegar al estado de Washington, empecé a tener pequeños ataques de pánico, estaba preparada para ellos ya que yo sabía que esta sería una gran transición llena de mucho estrés. Lo que no esperaba era experimentar un poco de depresión en el proceso.

Mi esposo trabaja en submarinos y a veces tiene que navegar bajo el agua por semanas o meses. Recién llegamos a Washington él tuvo que irse por varias semanas. Gracias a Dios mi esposo y yo, desde que nos hicimos cristianos, hemos tenido la convicción de que si sabemos que vamos a mudarnos a un lugar nuevo es importante hacer todo lo necesario para construir conexiones espirituales con la familia espiritual más cercana a donde vamos a vivir. La Iglesia Internacional de Cristo en Tacoma era la más cercana (South Sound Church of Christ). Comenzamos relacionándonos por teléfono con los discípulos, tanto que cuando llegamos, todo el mundo nos dio la bienvenida y tenían un corazón dispuesto a ayudarnos en lo que necesitáramos.

La conexión con el cuerpo de Cristo me ayudó mucho a controlar los ataques de pánico porque no tenía el estrés que pudiera haber tenido por falta de soporte. Estuve bien después de que mi esposo se fue, pero después de un par de días, empecé a perder poco a poco el apetito. Mi amiga, Thelma, que es enfermera comenzó a preocuparse por mí. Me dijo que yo no me veía muy bien. No sólo ella, sino también otros miembros de mi iglesia comenzaron a notar cambios en mi estado de ánimo y en mi energía; inclusive alguien me comentó que el brillo en mis ojos se había ido.

Nunca he sido muy buena ocultando mis emociones, mi cuerpo siempre delata cómo me siento y siempre es obvio para todos lo que están a mí alrededor si estoy feliz o triste. Los cometarios acerca de lo mal que se veía mi estado de ánimo, hicieron que yo trabajara duro en elevar mi espíritu. Traté todo lo que podía pensar, pero nada funcionó. De hecho, me puse peor, mi apetito se redujo hasta el punto de que ni siquiera podía comer una rebanada de pan sin tener que luchar para comerla toda. Era difícil consumir quinientas calorías al día, no tenía apetito en lo absoluto. Sabía que algo andaba mal porque el pan es mi debilidad. No era posible que sin ninguna razón, pareciera que mi apetito era inexistente ¡yo ni siquiera quería un pedazo de rollo caliente! En dos semanas había perdido quince libras porque no podía comer. La última vez que había perdido el apetito era porque estaba embarazada ¡A mí me encanta la comida! Sólo comía porque sabía que necesitaba comer para sobrevivir.

Comencé a tener problemas durmiendo, quería dormir mucho de día pero no podía dormir de noche, por lo que mi amiga trató de animarme a ir a ver a un médico, pero yo era terca; yo pensaba que lo que fuera que me estuviera pasando pasaría pronto, pero no fue así. Finalmente ella me dijo que necesitaba ver a un médico para conseguir algo que me ayudara antes de que me pusiera peor y no fuera capaz de cuidar a los niños sin mi esposo estar presente para ayudarme. Lo que ella me dijo era todo lo que necesitaba oír para hacer una cita.

Gracias a Dios pude ver a una doctora rápido, cuando le expliqué que sentía que alguien había entrado en mi cuerpo y había utilizado una llave para apagarme, sin pensarlo dos veces me dijo; "usted está experimentando depresión, así que voy a recetarle una medicina para tomar todos los días y darle una orden escrita para ir a ver a un terapeuta."

Ella dijo que me daría la dosis mínima del medicamento, la cantidad que les daba a sus pacientes de doce años. Me dijo que no creía que iba a funcionar, pero como yo expresé que realmente prefería no tomar medicamentos, me recetó esa dosis para ensayar antes de darme una más alta. La doctora me explicó que esa no era una píldora para hacerme sentirme como nueva, que era para equilibrar mis hormonas un poco y que en una semana yo sentiría una diferencia. Me recordó de nuevo que con síntomas de depresión es importante ver una terapeuta, por lo que me sugirió reservar una cita lo más pronto posible.

Yo no quería tomar medicamentos, pero por el bien de cuidar a mis hijos tomé la medicina y reservé una cita con un terapeuta. El medicamento funcionó y en pocos días me sentí mucho mejor. Es curioso cómo meses después, estaba viendo la tele con mi esposo y vimos este comercial: era un dibujo de una mujer que se veía feliz y de repente la tecla que estaba ajustada a su espalda comenzó a girar y lentamente fue de una posición vertical a una más horizontal. Era un comercial diciendo que la depresión era real, y que era importante ir al médico y pedir ayuda. Recuerdo que, antes de que el comercial dijera la parte que era acerca de la depresión, le dije a mi esposo que eso fue exactamente lo que sentí cuando él se fue por su trabajo.

No esperaba tener que ver a una terapeuta tan pronto, pero Dios tenía otros planes y me vi teniendo terapia nuevamente. Esta vez no por ataques de pánico, pero por ataque de depresión. La terapeuta que tuvo cupo para verme pronto era nueva en Washington y era muy joven, creo que estaba en sus veinte años. Yo conocía el proceso terapéutico, entonces compartí con mi terapeuta las cosas que habían sucedido en mi vida hasta ese momento y al igual que con mis terapeutas anteriores le compartí mis creencias espirituales. Ella estaba muy alegre de saber que yo tenía convicciones espirituales, de hecho, me preguntó si yo estaba abierta a que ella compartiera escrituras conmigo, ¡para que de vez en cuando yo meditara en ellas!

Dios sabía exactamente la terapeuta que yo necesitaba para comprender de una manera aún más profunda Su amor y porqué él nos da libertad para elegir el camino que tomamos ya sea siguiéndolo a él o siguiendo nuestras propias creencias, sentimientos u opiniones.

De la luz a la oscuridad

Cuando empezaron mis nuevas sesiones terapéuticas, mi propósito era sólo ir a verla unas semanas para lidiar con mi depresión, pero resultó en casi tres años de terapia. Había cosas en mi corazón y en mi vida que decidieron parar de pretender que estaban muertos. Esos recuerdos y sentimientos no estaban muertos, estaban tan enterrados, que viví mi vida como si ya no existían o como si nunca fueron parte de mí.

Una de las cosas que discutimos durante la terapia, era la dificultad que experimentaba cuando trataba de dormir por la noche y mi esposo no estaba en casa. Mi terapeuta me ayudó a ver que de alguna manera no me sentía protegida. Me explicó que cuando mi esposo estaba en la cama conmigo, yo podía dormir tranquila porque confiaba en que mi esposo me iba a proteger. Me dijo que él es como mi león y yo soy su bebé que va a proteger a toda costa. Había llegado a confiar en que él daría su vida por mí sin pensarlo dos veces. También me explicó que podía dormir tranquila cuando mis hijos estaban en la cama conmigo, porque entonces, me convertía en una leona y ellos eran mis bebés. Me sentía fuerte porque iba a proteger a toda costa a mis hijos así que no tenía miedo en ese momento.

La razón por la que tenía miedo cuando estaba durmiendo sola, era porque cuando yo no tenía a alguien que me hacía sentir protegida o cuando yo no estaba protegiendo a nadie, me sentía como una presa: vulnerable y con miedo. Por eso las noches estando sola en mi cuarto eran muy difíciles para mí.

Esa sesión de terapia me hizo preguntarme ¿por qué razón si yo creía que Dios era mi Padre y Él era todopoderoso, me sentía desprotegida? Esa noche después de poner a mis hijos a dormir pasé un tiempo increíble con Dios que espero nunca voy a olvidar. Por primera vez sin ninguna terapeuta a mi lado, sin mi esposo o mi mejor amiga o mi consejera espiritual, lloré mucho y me di el permiso que tanto necesitaba para ser real con Dios. Después de muchos años decidí aceptar que Dios sabe todo, incluyendo las cosas que quiero ignorar. Hablar con Él sobre todo lo que siento ya sea bueno o malo, incluyendo cualquier sentimiento no muy agradable hacia él es necesario porque yo lo necesito.

Por primera vez en mi vida acepté lo enojada que estaba con Dios. Traté por mucho tiempo (antes y después de ser una discípula de Cristo) de ignorar cualquier resentimiento que sentía hacia Dios, pero ya no podía ignorarlo más. Lloré tanto que dije en voz alta ¿por qué Dios no me salvaste de la vida que tenía? ¿Por qué he experimentado tanto dolor? ¿Por qué no me permitiste tener una infancia diferente con padres ejemplares? ¿Por qué, si eres tan poderoso, permitiste que yo sufriera tanto? Y en mis llantos oí el Espíritu de Dios hablarme y me dijo:

"Olivia, sé que quisieras que no le dé a la gente opciones. Sé que preferirías que nunca pase ningún mal en el mundo. Aunque eso suena bien, la desventaja es que nunca sabrías realmente quién te ama. Tampoco Yo nunca sabría quién realmente me ama a Mí. Amar y hacer lo correcto es una elección. Nunca quise que nadie te hiciera daño, pero fue la elección de esa persona. Yo sufrí, hija, cuando tú sufrías. Yo sé que tú crees que sería mejor si todas las personas

fueran como los robots, sin opción para elegir en sus vidas. Yo sé que eso es lo que tú crees, pero, yo te conozco mejor que nadie y la verdad es que lo que tú realmente quieres, lo que realmente deseas, es saber que eres amada. Y la única manera de saber la respuesta a tu pregunta, es dejar que la persona tome la decisión de hacer lo que Yo he deseado: que todo hombre y mujer que he creado en este mundo, opte por amar a su prójimo. Así tú sabrás que alguien te ama de verdad y así Yo sabré quienes son verdaderamente mis discípulos, porque tomaron la decisión de amarme y seguir mis mandamientos, porque quieren, no porque son obligados."

Después de muchas lágrimas y de aceptar la respuesta de Dios a mi pregunta, sentí una sensación de paz. Abrí la Biblia y leí un salmo que mi suegra había compartido conmigo en el pasado, el día que le comenté sobre mi dificultad de dormir por las noches cuando estaba sola en mi cama.

2 Corintios dice: ***"quien nos consuela en todas nuestras tribulaciones para que con el mismo consuelo que de Dios hemos recibido, también nosotros podamos consolar a todos los que sufren."*** Esa noche

senti a Dios consolarme.

Por primera vez dormí bien sin mi esposo en casa, con mis hijos en su cama y abrazando una almohada grande que mi terapeuta me recomendó comprar (¡tenía que tomar pasos de bebé!). Ahora, no tengo ningún problema durmiendo sola y sin mi almohadón. Como no seré perfecta hasta que esté con mi Dios, todavía algunas veces me da miedo, pero ahora rezo, leo un libro de inspiración o escucho música para que me relaje. Si es necesario pongo una lucecita de noche y eso me ayuda a dormir.

Tristemente, había llegado el momento de mudarnos de nuevo, esta vez a Virginia y después de tres años viendo a mi terapeuta, le dije adiós. Esta vez fue más difícil que las otras veces. Tenía miedo de vivir la vida sin terapia o asesoría profesional. Pero ella me recordó lo que me dijo durante la primera sesión: que su objetivo era que un día, yo no iba a ser su cliente porque ella me habría dado soluciones prácticas para estar bien. Con mi Biblia como mi espada y las soluciones prácticas que me dio la terapeuta, le dije adiós a Washington.

Esta terapeuta llegó a ser como una segunda

madre para mí, nuestras sesiones se habían convertido en momentos en que ella me daba consejos sobre la crianza. Una vez ella dijo: " Olivia creo que tú todavía necesitas venir, porque necesitas este tiempo para que puedas ser el centro de atención, ¡lo que todas las niñitas sueñan!"

Durante mi última sesión de terapia, ella y yo nos abrazamos después de decirnos palabras muy alentadoras, las dos lloramos. Esta fue la primera vez que realmente sentí que una terapeuta se había convertido en una de mis mejores amigas. Yo estaré siempre agradecida con Dios por ponerla en mi vida.

Aprendí mucho más acerca de amarme a mí misma, de establecer límites, de no tener miedo a cometer errores; pero la cosa más importante que aprendí, fue que tenía que entender que Dios me protegió y siempre me protegerá. Él no me va a dar más de lo que puedo manejar en mi vida. Con Dios teniendo el volante de mi vida en sus manos y estando Él encargado de navegar, puedo estar segura que no me perderé hasta llegar a mi destino final. ¡Todo depende de mi confianza en Él, porque Él me enseño que de verdad eligió amarme! *"Porque de tal manera amó Dios al mundo, que dio a su*

Hijo unigénito, para que todo aquel que cree en Él, no se pierda, mas tenga vida eterna." Juan 3:16.

Salmo 91 (TLA)

Vivamos bajo el cuidado
del Dios altísimo;
pasemos la noche bajo la protección
del Dios todopoderoso.
Él es nuestro refugio,
el Dios que nos da fuerzas,
¡el Dios en quien confiamos!
Sólo él puede librarnos
de los peligros ocultos
y de enfermedades mortales;
sólo bajo su protección
podemos vivir tranquilos,
pues nunca deja de cuidarnos.
Ni de día ni de noche
tendremos que preocuparnos
de estar en peligro de muerte.
Ni en las sombras de la noche,
ni a plena luz del día,
nos caerá desgracia alguna.
Tal vez a nuestra izquierda
veamos caer miles de muertos;
tal vez a nuestra derecha

veamos caer diez mil más,
pero a nosotros nada nos pasará.
Con nuestros propios ojos veremos
cómo los malvados reciben su merecido.

El Dios altísimo
es nuestro refugio y protección.
Por eso ningún desastre
vendrá sobre nuestros hogares.
Dios mismo les dirá a sus ángeles
que nos cuiden por todas partes.
Los ángeles nos llevarán en brazos
para que no tropecemos con nada;
andaremos entre leones y serpientes,
¡y los aplastaremos!

Dios dice:
«Mi pueblo me ama y me conoce;
por eso yo lo pondré a salvo.
Cuando me llame, le responderé
y estaré con él en su angustia;
lo libraré y lo llenaré de honores,
le daré muchos años de vida,
y lo haré gozar de mi salvación».

De niña a mujer

Gracias a la paciencia y al amor de Dios, finalmente aprendí porqué ,a pesar de que yo lo intentaba, era muy difícil sentirme totalmente completa y feliz. La niña dentro de mí, que había sufrido mucho daño, necesitaba que alguien le dijera: siento mucho que sufriste tanto. Dios se lo dijo y eso le dio lo que necesitaba para sentirse amada y valorada. Como adulta ahora es mi responsabilidad cuidar de esa niña, no es la responsabilidad de mi esposo, mis hijos o mis seres queridos.

A veces mi niña hace un berrinche porque tiene miedo, se deprime, se siente insegura o sola; yo todos los días estoy aprendiendo cómo decirle: "Tú estás bien, estás grande ahora y tienes un Padre que te observa incluso cuando estás durmiendo, así que no temas." Sólo Dios sabe si un día, la niña dentro de mí tendrá que buscar ayuda profesional de nuevo; pero algo que sí sé, es que, si la niña dentro de mí no actúa como antes, es porque ahora ella tiene la seguridad de que con el poder de Dios, esta mujer va a hacer todo lo posible para ayudarla. Ella va a estar bien y seguirá creciendo y madurando para ser más segura de sí misma. La consolaré con Isaías 41:12 que dice: *"No te preocupes, estoy contigo. No hay necesidad de temer porque yo soy tu Dios. Te voy a dar fuerza. Yo te ayudaré. Yo te sostengo firme, mantendré un firme control sobre ti."*

Por ahora voy a seguir leyendo mi Biblia como siempre. No sé qué otras cosas serán expuestas de mi pasado, pero voy a confiar que mi Padre en el cielo me dejará saber cuándo mi niña necesita más de lo que yo estoy haciendo por ella y si es necesario buscarle ayuda profesional. Por ahora mis ataques de pánico no se están presentando como antes y mi depresión severa parece estar en remisión.

Palabras de la autora

En mi opinión toda persona adulta tiene un niño/a dentro de su cuerpo, ya que todos fuimos niños/as una vez. Algunos de esos niños/as eran felices y llevaron una vida de paz y alegría; pero para algunos como yo y otros más, tuvimos una vida de dolor y sufrimiento. La buena noticia es que, como adultos, podemos cuidar al niño/a dentro de nosotros. Ellos quieren ser atendidos, valorados y escuchados; por eso a veces están fueran de control, culpando a personas inocentes que no saben cómo ayudarlos o tratarlos, buscan amor en lugares equivocados o pidiéndole a un ser humano que lo ame como sólo Dios puede amarlos.

La niña en mí necesitaba desesperadamente ser cuidada y protegida. Ella necesitaba saber que tiene un Papá que la quiere mucho y que siempre la protegerá y cuidará de ella. Es muy importante que yo siempre recuerde que aunque trate yo nunca podría cuidar sola a esta niña, comenzó con Dios y sólo con Dios la podré seguir cuidando. ¡Sólo Él sabe lo que ella necesita, porque solo él puede sanar a los quebrantados de corazón, sólo él es capaz de cuidar la niña dentro de mí!

Mi conclusión

Mi vida representa una cebolla, que tenía muchas capas y, remover cada parte me hacía llorar, pero al final aprendí cómo pelar la cebolla de mi vida sin tener ataques que me llevaban al hospital.

Dios me ha ayudado y continúa ayudándome a lidiar con los traumas de mi vida, estando siempre conmigo. No estoy arrepentida de todo lo que experimenté al revivir años de traumas y sufrimientos que sufrí en mi niñez, porque eso me llevó más a Dios y me trajo una paz que no puedo explicar, ¡es algo que tienes que experimentar por tí misma!!!

"Dios sí sana a los quebrantados de corazón y venda sus heridas."
Salmos 147:3

Si pudieras decirle una cosa a la niña dentro de ti, ¿qué le dirias?

_____

_____

_____

_____

_____

_____

_____

_____

_____

_____

_____

_____

_____

_____